Gerdi König

NEUE WEGE
AQUARELLE AUF SEIDE

Frech-Verlag Stuttgart

Auflage: 5. 4. 3. 2. | Letzte Zahlen
Jahr: 1997 96 95 94 93 | maßgebend

frech-verlag

ISBN 3-7724-1615-2 · Best.-Nr. 1615 GmbH+Co. Druck KG Stuttgart · Druck: Frech, Stuttgart 31

Immer auf der Suche sein – so könnte man das Anliegen dieses Buches interpretieren.

Immer auf der Suche nach einer Technik, welche die von mir gewünschte Faszination ausüben würde, kam ich von der Ölmalerei über Radierung und Aquarell schließlich zu dem Malgrund SEIDE.

Die überaus große technische Schwierigkeit des extremen Farbverlaufens bildeten für mich den fesselnden Reiz und die Herausforderung, welche die vorher erprobten Techniken mir nicht bieten konnten.

Autodidaktisch, in steter experimenteller Wiederholung, habe ich mich seit 1984 dieser Technik zugewandt und versucht, sie zu immer neuer Vollendung und Perfektion zu bringen. Neugier und eine gewisse Experimentierfreudigkeit ließen mich nicht ruhen. Mit der Zeit konnte ich meine anfängliche Überzeugung, nur einfache Motive seien in dieser Technik darzustellen, bald revidieren; ich ging über zu immer komplizierteren und komplexeren Bildzusammenhängen.

Immer auf der Suche nach neuen Farbwirkungen setzten sich meine neueren Arbeiten in verstärktem Maß mit experimentellen Farbaufträgen und -veränderungen auseinander.

Bilder mit rein dekorativem Anspruch und Bilder, die das rein Dekorative weit hinter sich lassen, werden Ihnen beim Anschauen bald bewußt machen, daß Seidenmalerei durchaus in der Lage ist, den rein kunsthandwerklichen Beiklang zu verlieren. Beim Betrachten der Arbeiten ist schnell vergessen, daß der Malgrund nicht Papier, sondern Seide ist.

Mein Buch möchte sich an all diejenigen wenden, die ebenso wie ich auf der Suche sind. Es möchte Mut machen, auf Entdeckungsreise zu gehen und es möchte da ansetzen, wo andere Bücher über und um Seidenmalerei aufhören.

Neues wird vor allem denjenigen geboten werden, die bereits vielfältige Erfahrungen im Umgang mit Seide gesammelt haben.

Grundlagenwissen über die Seidenmalerei ist in meinem Buch nicht nachzulesen, doch werden thematisch und technisch sicher viele neue Impulse auf Sie übergehen.

Tips und Erfahrungen aus meiner Ausstellungsarbeit wie das ausgesuchte Passepartout, der passende Rahmen sowie die Präsentation der Bilder runden die Informationen ab.

INHALT

Meinem Mann gewidmet –
für seine hilfreiche Unterstützung
und sein Verständnis

Die Maltechnik

Alle im Buch abgebildeten Arbeiten zeigen eine mir eigene Aquarelltechnik bzw. eine Kombination von Aquarell und Zeichnung.

Besonderheiten meiner Aquarelltechnik

Bei meinen Bildern arbeite ich nur mit Farbe, Wasser und Pinsel. Weder Wattestäbchen noch Schwämme, Benzin, Spiritus, Malgrund, Fön oder Glasscheiben kommen zum Einsatz.

Anhand von zwei Bildbeispielen möchte ich meine Arbeitstechnik schrittweise verdeutlichen.

Mohnblumen

Vorbereitende Arbeitsschritte

Mit einem Zauberstift oder einem weichen Bleistift zeichne ich grobe Umrißlinien meines Motivs auf die aufgespannte Seide.
Der Arbeitsplatz ist dabei so eingerichtet, daß sowohl Pinsel verschiedener Stärke griffbereit liegen als auch Papiertücher zum Abstreifen der Pinsel oder zum Aufsaugen überschüssiger Farbe. Eine kleine Palette liegt bereit, auf der die jeweiligen Farben gemischt werden.

Das Herausarbeiten des Motivs

Von einem mittleren Grundton ausgehend wird eine Blütenform aquarelliert. Dabei wird Blütenblatt für Blütenblatt durch ein Spiel mit Wasser und Farbe gemalt. Wichtig ist hierbei, die Farbmenge auf dem Pinsel genau zu dosieren, damit die Blüte nicht total zerfließt. Hierzu ist einige Erfahrung notwendig. Plastizität erhält die Blüte durch Abdunkeln des Grundtones mit Blau oder Schwarz oder durch Aufhellen mit Wasser.

Feine Farbabstufungen von hell nach dunkel ergeben sich durch Übereinandersetzen mehrerer Farbschichten auf die noch halbnasse Seide. Sehr interessante Farbabstufungen entstehen, indem man zwei Farben auf einen Pinselauftrag bringt (z. B. zuerst den Pinsel in Bordeaux tauchen, dann die Spitze zusätzlich in Schwarz).

Abb. 1 Vorarbeiten

Abb. 2 Herausarbeiten einer Blüte

Abb. 3 Das Motiv entsteht

Abb. 4 Das Blattwerk entsteht

Nachdem die Blüten gestaltet sind, wird das Blattwerk herausgearbeitet. Man geht von einem mittleren Grünton aus, den man sich aus Blau und Gelb ermischt, was der Natur am nächsten kommt.

Helligkeiten erzielt man durch Aufbringen von reinem Gelb auf die noch nasse Seide oder durch sauberes Wasser, das an entsprechenden Partien die Farbe verdrängt und damit für Aufhellungen sorgt.

Abb. 5 Hintergrundgestaltung und Detailarbeit

Die Hintergrundgestaltung

Der Hintergrund wird mit breitem Pinsel naß in naß eingearbeitet. Um eine Tiefenwirkung zu erzielen, kann man in den noch feuchten Hintergrund einige rote Farbtupfen setzen, die zu einer angedeuteten Blütenform verlaufen. Das zarte Farbenspiel durch das Zerfließen der Farben läßt einen diffusen Hintergrund entstehen.

Detailarbeit

Der letzte Arbeitsschritt besteht darin, auf der vollkommen durchgetrockneten Seide Details in das Motiv einzubringen. Mit wenig schwarzer Farbe (keine Gutta) werden mit dünnen Pinselstrichen Ränder verstärkt, Schatten u.a. eingemalt. Zudem werden Trocknungsränder oder -linien nachgezogen und. weitergeführt zu Blattadern oder einem rein ornamentalen Liniengeäst.

Übrigens: Keine Angst vor Trockenrändern!

Ich führe meinen Pinsel immer so, daß eventuell entstehende Trockenränder ins Motiv miteinbezogen werden können. Aus einem zu weit ausgelaufenen Blatt werden mit wenigen Pinselstrichen zwei Blätter. Dies erfordert eine schnelle Reaktion, einen Blick für die gute Form und natürlich eine Menge Erfahrung. Loslassen einer festen Bildidee ist genauso Voraussetzung wie ein gutes Farb- und Formgespür.

Abb. 6 „Mohnblumen“

Katzenbaum

Die Arbeitsweise beim Katzenbaum ist prinzipiell dieselbe wie bei allen anderen Aquarellen.
Die Schwierigkeit bei diesem Motiv besteht darin, daß hier relativ realistische Katzenköpfe entstehen sollen, von denen jeder einen anderen Charakter erhalten soll.
Verschiedene „Katzennaturelle", von der schmusig verspielten Katze bis hin zur dominanten Tigerkatze, sollen so ineinandergreifen, daß eine Baumkrone entsteht, die sich aus lauter Katzenköpfen formiert.
Ist es bei Blumen noch relativ unwichtig, ob der Farbverlauf auf den Punkt genau geschieht, so kommt es hier auf äußerst genaues Arbeiten an. Exakt dosierte Farbmengen sind wichtig, um aus einer diffusen Grundfarbe einen ausdrucksstarken Katzenkopf erwachsen zu lassen.

Vorbereitende Arbeiten

Vorzeichnung des Motivs (Umrisse der Katzenköpfe auf der Seide).

Das Herausarbeiten des Motivs

Mit viel weißer Farbe und Wasser wird zunächst die Grundform des jeweiligen Kopfes aquarelliert. Mit unzähligen Einzelstrichen wird in verschiedensten Brauntönen Haar für Haar herausgearbeitet. Der Pinsel wird dabei in Wachstumsrichtung der Haare geführt. Hierzu ist ein ständiges und sich wiederholendes Spiel mit Wasser und Farbe so lange erforderlich, bis ein Katzenkopf modelliert ist, der dem der eigenen Phantasie entspricht.

Abb. 7 Vorzeichnung und Arbeit an den Katzenköpfen

Abb. 8 Aufbringen des Laubes

Abb. 9 Der Hintergrund entsteht

Die Hintergrundgestaltung

Verschiedene Brauntöne werden um die getrockneten Katzen mit dickem Pinsel aufgetragen. Dabei kann ruhig die Hintergrundfarbe zum Teil in die Gesichter hineinlaufen, es soll ja eine Einheit zwischen Laub und Katzenköpfen entstehen. Große und kleine Wassertropfen werden anschließend auf das Laub gesetzt, so daß die Farbe teilweise verdrängt wird und Plastizität entsteht.

Um zu vermeiden, daß zu viel Laubfarbe die Katzenköpfe überdeckt, können diese vorher mit reinem Wasser abgedeckt werden.

Naß in naß wird nun das Blau des Himmels und das Braun der Erde aufgebracht. Wassertupfen sorgen auch hier dafür, daß ein traumhafter, verschwommener Hintergrund entsteht.

Detailarbeit

Der letzte Arbeitsschritt besteht auch hier darin, Details herauszuarbeiten. Der Baum erhält seine endgültige Form durch Stamm und Geäst.

Letzte Korrekturen perfektionieren die Katzenköpfe, nochmals werden Katzenhaare eingezogen, Gesichtslinien verstärkt und mit etwas eingetrockneter weißer Seidenmalfarbe Barthaare eingearbeitet.

Abb. 10 Detailarbeit, der Stamm entsteht

Abb. 11 „Katzenköpfe“

Neue Kombinationstechniken

Zur Steigerung besonderer Aussagen und Wirkungen, ebenso zur Korrektur am Motiv, setze ich hin und wieder, vor allem bei großformatigen Arbeiten, Pastell- oder Ölkreiden ein.
Pastellkreiden erlauben es, überall da noch Details herauszuholen, wo dies einzig mit den Mitteln der Seidenmalerei nicht mehr möglich ist. Außerdem stellen Pastellkreiden mit ihrer matten Farbwirkung einen interessanten Kontrast zur Leuchtkraft und Brillanz der Seidenfarben dar.

Aufgebracht werden Pastellkreiden auf die fixierte und auf Lampenschirmfolie aufgezogene Seide. Dick aufgetragen als Linie oder mit einem weichen Tuch verrieben als Fläche, besteht ihr Reiz auch darin, rein zeichnerisch in das Gemalte hineinzuarbeiten, wodurch der Gestaltungsspielraum bei Arbeiten auf Seide um ein Vielfaches erweitert wird.

Abb. 12 Detailaufnahme aus „Kinderträume“

Abb. 13 Detailaufnahme aus „Gefangen im Selbst“

Abb. 14 Detailaufnahme aus „Stiefmütterchenstrauß"

Abb. 15 Detailaufnahme aus „Bunter Sommerstrauß“

Themenkreise meiner Malerei auf Seide

Naturimpressionen

Die Naturimpressionen umfassen im wesentlichen Blumenaquarelle mit meist rein dekorativem Anspruch, Baumvariationen und tanzende Figuren.

Es wäre wohl der falsche Weg, die Natur in ihrer Komplexität abbilden zu wollen. Sie sollte jeweils nur inspirieren. So arbeite ich nicht direkt nach der Natur, sondern nehme aus ihr, versuche flüchtige Farb- und Formeindrücke zu realisieren.

Es ist wichtig, stets mit offenen Augen durch die Welt zu gehen, zu beobachten, zu speichern, und die Faszination des Gespeicherten aus der Erinnerung heraus zu gestalten.

Als durchgängiges Gestaltungsmittel bei all meinen Arbeiten ist zu finden, daß das eigentliche Bildmotiv klar umrissen im Vordergrund steht und sich nach hinten aufzulösen scheint, immer diffuser wird.

Hiermit erzielt man recht unterschiedliche Wirkungen. Zum einen erreicht man eine gewisse Tiefenwirkung, zum anderen kann man eine rein dekorative Flächengestaltung des Bildgrundes verwirklichen.

Bäume inspirieren mich immer wieder dazu, ihre Kraft und Stärke zum Ausdruck zu bringen. Auch hier geht es nicht um eine naturgetreue Abbildung von Bäumen, sondern darum, das Wesentliche einzufangen, sowohl in der Form als auch in der Farbstimmung.

Herz und Seele sollten immer wieder nach neuen Farbbeziehungen suchen und frei genug sein, die natürliche Farbgebung einfach einmal umzukehren (siehe Abb. 35 und 36).

Im weitesten Sinne möchte ich auch die tanzenden Figuren in die Gruppe der Naturimpressionen einordnen.

Ob Ballerinas oder Bauerntänzerinnen, immer sollte man versuchen, den Reiz, die Grazie und Anmut der Ballerinas einerseits sowie das etwas derbere Temperament der Bauerntänzerinnen andererseits auf Seide einzufangen. Hierbei lassen sich die duftigen Roben dieser Figuren in einem Spiel mit Wasser und Farbe ganz besonders gut aquarellieren (siehe Abb. 23, 25 und 26).

Abb. 16 „Sonnenblumen“

Naturphantasien

> *„Nichts um mich herum ist so ausdauernd und kraftvoll und doch so verletzbar wie Bäume.“*

Bäume haben schon von jeher eine besondere Faszination auf mich ausgeübt. So entstanden neben Jahreszeitenbäumen alle möglichen Spielereien mit Bäumen.

Einmal sind es Vögel, die sich zu einem dichten Laub formieren, dann Schmetterlinge oder auch Katzenköpfe, die erst beim zweiten oder dritten Hinsehen als solche erkannt werden, die eins werden mit dem Blattwerk und Geäst und eins mit dem Hintergrund.

Im Laufe des Arbeitsprozesses entsteht eine gewachsene Einheit als Metamorphose verschiedener Naturelemente, die auf verblüffende Weise phantastisch real wirkt (siehe Abb. 41, 42 und 43).

Phantasievolle Spielereien mit und um die Natur findet man auch bei den Arbeiten „Rosenvögel“ (siehe Abb. 18) und „Schmetterlingsstrauß“ (siehe Abb. 39). Hier sind es Vögel bzw. Schmetterlinge, die sich auf dem Bild zu Rosen bzw. Sommerblumen verwandeln.

Schon das Wortspiel in den Bildtiteln zeigt, daß hier „phantastische Einheiten“ entstehen, die nur die menschliche Phantasie zu gestalten vermag.

Abb. 18 „Rosenvögel“

Abb. 17 „Jahreszeitenbaum“

Urlaubsimpressionen

Überall auf Reisen ist der Skizzenblock und/oder Fotoapparat dabei, und überall dort, wo sich reizvolle Ein- oder Ausblicke ergeben, werden Skizzen gefertigt oder, als Gedankenstütze, Fotos geschossen.

Zu Hause versuche ich, das in mir Gespeicherte und Erlebte als eine Interpretation von Land und Leuten auf Seide zu übertragen.

Nicht nur die Form, sondern auch die Farbpalette ordnet sich dabei ganz dem Gefühl unter.

So spiegelt der strenge, klare und formale Aufbau des malerischen Winkels im jugoslawischen „Cres“, beispielsweise im Zusammenklang mit einer kühlen Farbpalette, die von mir persönlich empfundene Zurückhaltung der Einwohner wider (siehe Abb. 33).

Ganz im Gegensatz hierzu die heiteren und leuchtenden Farben des Bildes „Portovenere“. Die Heiterkeit und Gelassenheit der italienischen Bevölkerung wird hier durch ein malerische gestaltetes Passepartout nicht nur im Bild, sondern bis zum Auge des Betrachters weitergeführt (siehe Abb. 34).

Skizze zu „Portovenere“

Abb. 19 „Valun“

Traumimpressionen

Ganz der eigenen Traumwelt entwachsen sind Arbeiten wie „Eins mit der Natur“, „Vergänglichkeit“ u. a. (siehe Abb. 20 und 37).

Hier sind die Bilder ganz beherrscht vom Gedanken der Vergänglichkeit. Der Baum, meist als Herbstbaum ins Bild gesetzt, steht als Sinnbild für das Werden und Vergehen in der Natur.

Diese Arbeiten haben ihren rein dekorativen Charakter längst verloren. Es sind Bilder von ganz persönlichem Ausdruck, Bilder, die von einer Auseinandersetzung bzw. Bewältigung des Wissens um den Tod, von der Frage nach dem Sinn des Lebens zeugen.

In diese Reihe gehören auch die vier großformatigen Arbeiten „Akrobatin der Lüfte“, „Kinderträume“, „Mit den Adlern reiten“ und „Gefangen im Selbst“ (siehe Abb. 44, 47, 48 und 49).

Erlebnisse, Erfahrungen, Träume und Alpträume werden zu Bildinhalten, spiegeln Erwartungen, Ängste, Freude und Trauer wider. Symbole und Metaphern durchziehen die Bilder (z.B. der Vogel als Symbol der Freiheit, Unabhängigkeit, Leichtigkeit und Gelassenheit), machen sie vieldeutig und offen, nacherlebbar und erfahrbar.

Es wird deutlich, daß Malerei auf Seide Grenzen überschreiten kann, daß man in dieser Technik durchaus Dinge zum Ausdruck bringen kann, von denen man anfangs dachte, sie seien ausschließlich anderen Techniken, z.B. der Ölmalerei, vorbehalten.

Seidenmalerei als Technik ist damit in der Lage, den ihr anhaftenden rein kunsthandwerklichen Charakter abzulegen.

Immer auf der Suche sein, so lautete der erste Satz dieses Buches, auf der Suche nach neuen Gestaltungs- und Ausdrucksmöglichkeiten. Erfahrungen und Selbstvertrauen ebnen stets neue Wege und erreichen dadurch, daß Malerei auf Seide immer ein Abenteuer bleibt, ein Rausch in Farben und Formen.

Abb. 20 „Eins mit der Natur“

Die Präsentation der Werke

Seit 1986 stelle ich meine Arbeiten der Öffentlichkeit vor. Aus dieser Ausstellungsarbeit heraus konnte ich bis heute viele Erfahrungen sammeln, die wichtigsten möchte ich hier an Sie weitergeben.
Nicht weniger interessant wird dieses Kapitel für all diejenigen sein, die ihre Bilder bislang nur bei sich, Freunden oder Bekannten aufhängen, denn auch hier stellt sich dieselbe Frage: Wie präsentiere ich mein Bild?
Allgemein läßt sich sagen, daß jedes Kunstwerk seine eigene charakteristische Ausstrahlung besitzt. Die Auswahl des optimalen Rahmens und des Passepartouts erfordert Erfahrung und Fingerspitzengefühl, denn Bildmotiv und Farbe des Rahmens müssen eine harmonische Einheit bilden.

Hierzu einige Tips:

Das Passepartout

Bei der Auswahl des Passepartouts läßt sich auf eine große Farb- sowie Strukturpalette zurückgreifen.
Grundsätzlich sollte das Passepartout in Farbe wie in Materialstruktur zwischen Rahmen und Bild vermitteln.
Nicht immer ist es das neutrale Weiß mit all seinen Nuancierungen, das ein Bild in seiner Wirkung hebt. Oftmals steht es in viel zu hartem Kontrast zur eigentlichen Bildfarbe und verliert dadurch seine Vermittlerfunktion.
Ein gebrochenes Weiß, ein zartes Grau oder ein warmes, helles Braun sind meist viel geeigneter, Bilder in ihrer Wirkung zu steigern.
Neben dem Doppelpassepartout (siehe Abb. 43), welches die Bildtiefe enorm steigern kann, bietet sich an, mit Doppelpassepartouts nach spielerischen Varianten zu suchen, z. B. zweifarbige Innenpassepartouts (siehe Abb. 23 und 28).
Ebenso können Passepartouts dadurch miteinbezogen werden, daß sie, wie im Bild „Portovenere“, architektonische Elemente in der Technik des Aquarells erhalten (siehe Abb. 34).
Auch zeichnerisch läßt sich das rein Konstruktive einer Architektur z.B. mit Tusche auf dem Passepartout zum Ausdruck bringen (siehe Abb. 33 „Cres“).
Sowohl Zeichnung als auch Aquarell sollten auf dem Passepartout mehr oder weniger vage Andeutung bleiben, zum einen, um nicht vom eigentlichen Bildmotiv abzulenken, zum anderen, um den Betrachter aufzurufen, eigene Assoziationen spielen zu lassen.
Neben Architekturen können auch pflanzliche Motive mit „aktiven“ Passepartouts versehen werden. Eine Blüte, aus dem Bild gefallen und als Aquarell wieder auf das Passepartout gearbeitet, bringt ebenso neue Reize, wie z.B. ganze Bildteile auf dem Passepartout zu ergänzen. Pastellkreiden allein oder in Kombination mit Aquarellfarben sind hierzu bestens geeignet.
Eine interessante Steigerung der Bildwirkung kann zusätzlich dadurch entstehen, daß der Bildausschnitt nicht rechteckig oder quadratisch bestimmt wird, sondern ganz mutig mit schrägen Linien (siehe Abb. 21 und 22).
Sicher gibt es noch zahlreiche andere Möglichkeiten, Passepartouts bei der Bildgestaltung aktiv miteinzubeziehen. Als Anregung sollte das Gesagte genügen.

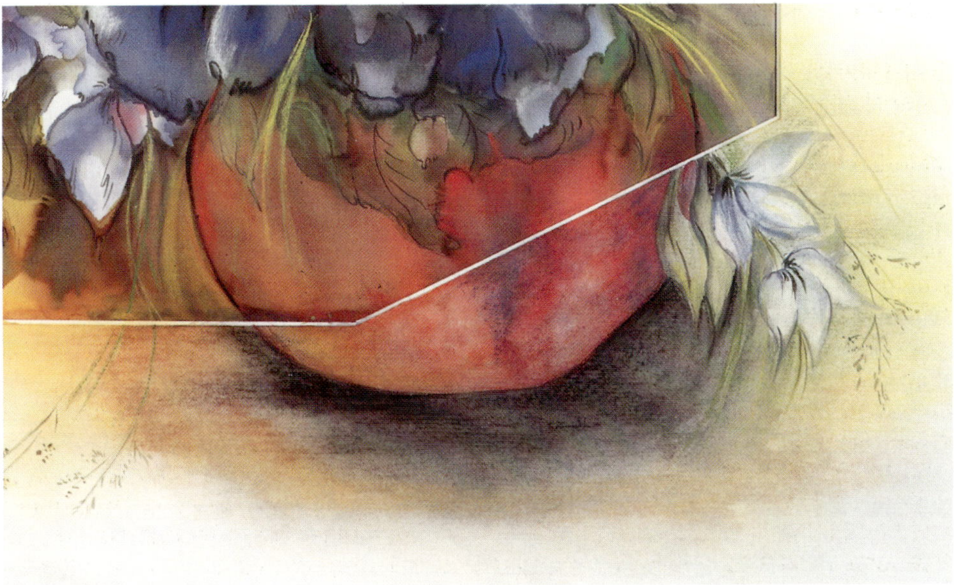

Abb. 21 Passepartout „Bunter Sommerstrauß“

Abb. 22 Passepartout „Stiefmütterchenstrauß“

Der richtige Rahmen für das Bild

Habe ich im vergangenen Kapitel von einer Harmonie zwischen Bild und Passepartout gesprochen, so kommt als zweiter verbindender Faktor die Rahmung des Bildes hinzu.
Auch hier gelten einige Grundsätzlichkeiten:
Der Rahmen sollte Farbspiele des Bildes wieder aufgreifen.
Ob die Rahmenfarbe in hellem oder dunklem Grundton gehalten wird, hängt letztendlich von Ihrem persönlichen Geschmack ab. Helle Rahmen machen ein Bild nach allen Seiten hin offen, grenzen es nicht ab und lassen das Hauptaugenmerk immer auf dem Bild ruhen. Dunkle Rahmen lassen ein Bild immer im wahrsten Sinne des Wortes „gerahmt" wirken.
Wenn ich ein Seidenbild rahme, dann greife ich prinzipiell auf Holzrahmungen zurück. Seide ist ein lebendiger Stoff mit lebendigen Strukturen, die ein lebendiges Material wie Holz geradezu fordern.
Aluminiumrahmen oder gar rahmenlose Glasbildhalter schaden einer Bildwirkung eher als daß sie diese fördern könnten.
Und zuletzt noch ein Tip:
Denken Sie nicht, die Bilderrahmung müßte unbedingt der Holzart des Mobiliars entsprechen. Ein Rahmen sollte ausschließlich zum Bild passen, das es umgibt, dann fügt er sich in jede Räumlichkeit ein, paßt automatisch zu jeder Möblierung und in die Nachbarschaft eines anders gerahmten Bildes.

Die Präsentation der Bilder im Raum

Ein schönes Bild, das Sie besonders mögen und Ihnen Tag für Tag Freude macht, bereichert auch Ihr Zuhause.
Immer wieder stellt sich die Frage:
Welche Bilder kann ich kombinieren?
Paßt ein Bild zum anderen (z.B. auch verschiedene Künstler)?
Wie kann ich mehrere Bilder wirkungsvoll an einer Wand anordnen?

Hierzu einige wichtige Tips:

- Grundsätzlich kann man jedes Bild mit anderen kombinieren.
- Man sollte nur darauf achten, daß besonders farbintensive oder ausdrucksstarke Bilder nicht unmittelbar nebeneinander hängen. (Die Abwechslung von dezenten und starken Motiven gibt dabei die richtige Mischung.)
- Unterschiedliche Formate, Rahmen und Motive lassen sich zu einem harmonischen Ganzen gruppieren.
  Eine einfache Hilfe hierzu sind die gedachten waagrechten und senkrechten Linien, denen die Bilder zugeordnet werden (siehe Skizze).
- Hängen Sie Ihre Bilder nicht zu hoch! „Augenhöhe" ist das richtige Maß. Dies ist besonders wichtig für Motive, die im Detail sehr ausgearbeitet sind und deren Einheit eben nur in Augenhöhe richtig erfaßbar ist.

Abb. 23 „Ballerinas"

Falls Sie mit Ihren Bildern nicht nur im Privatbereich bleiben, sondern wie ich Ausstellungen bestücken wollen, dann gelten die gleichen bereits erwähnten Gesetzmäßigkeiten.
Versuchen Sie zunächst, die Bilder nach thematischen oder technischen Gesichtspunkten zu ordnen und dann erst in Augehöhe zu hängen.
Eine gedachte Linie (Ober- oder Unterkante der Bilder) sollte dabei zur Leitlinie werden.
Wenn es die Räumlichkeiten erlauben, dann kann man durch das Aufstellen einer Staffelei oder das Aufhängen von Bildern in eine Nische interessante Raumwirkungen schaffen.

Stets sollte man sich davor hüten, einen Raum buchstäblich zu überladen. Eine Beschränkung auf wenige Bilder bringt oftmals mehr als eine Reizüberflutung des Auges durch ein allzu dichtes Hängen der Bilder. Jedes Werk hat seine ihm eigene Wirkung und Ausstrahlung und beansprucht in der Regel auch eine gewisse Räumlichkeit und räumliche Distanz zum nächsten Bild.

Skizze So hängen Ihre Bilder richtig

Abb. 24 „Kinderträume" Raumwirkung

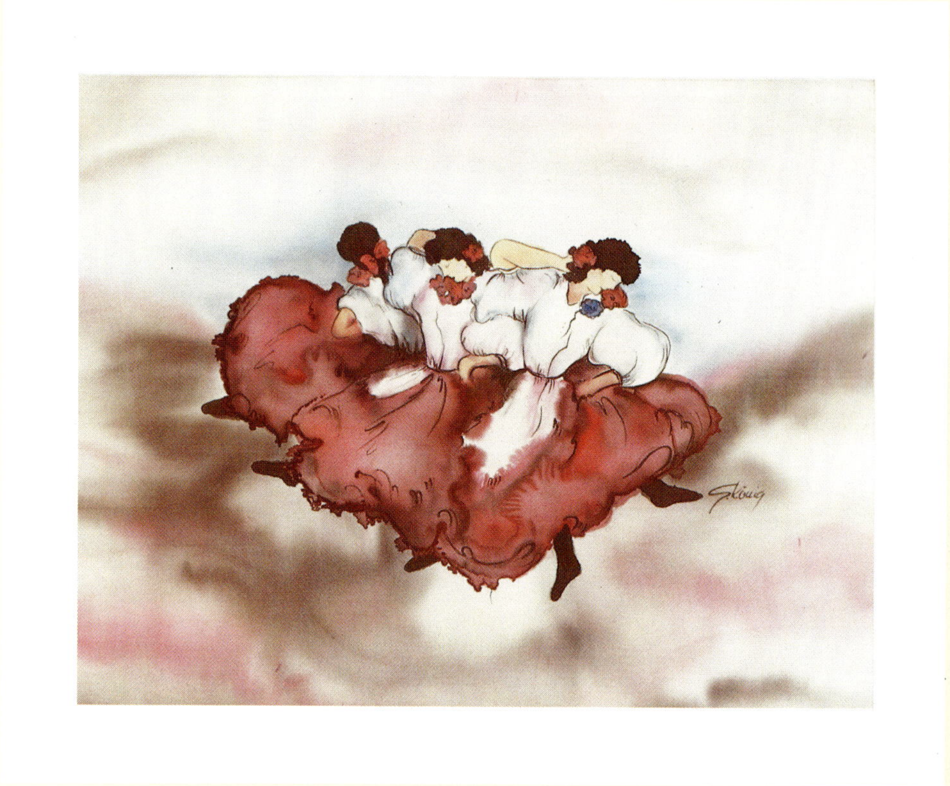

Abb. 25 „Bauerntanz“

Abb. 26 „Ballerinas“

Abb. 27 „Stiefmütterchenstrauß“

Abb. 28 „Stiefmütterchen“

Abb. 29 „Bunter Sommerstrauß“

Abb. 30 „Kresse“

Abb. 31 „Herbststrauß“

Abb. 32
„Toskanisches Landhaus"

Abb. 33 „Cres“

Abb. 34 „Portevenere“

Abb. 35 „Blauer Baum“

Abb. 36 „Herbstbaum"

Abb. 37 „Vergänglichkeit“

Abb. 38 „Baum“

Abb. 39 „Schmetterlingsstrauß“

Abb. 40 Detailaufnahme aus „Schmetterlingsstrauß“

Abb. 41 „Schmetterlingsbaum“

Abb. 42 „Vogelbaum“

Abb. 43
„Katzenbaum“

Abb. 44 „Mit den Adlern reiten"

Abb. 45 Detail aus „Mit den Adlern reiten“

Abb. 46 Detail aus „Mit den Adlern reiten"

Abb. 47 „Gefangen im Selbst"

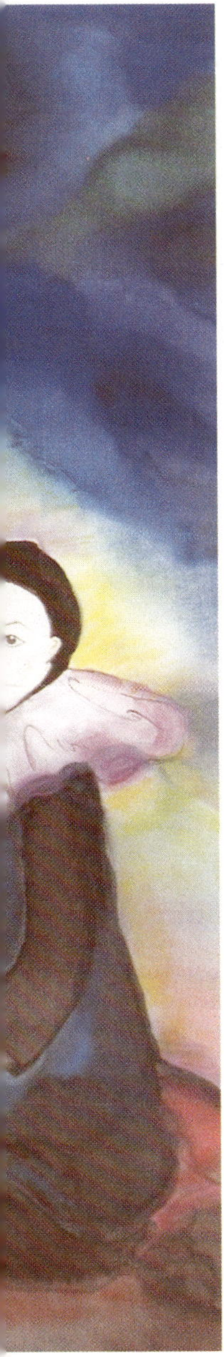

Abb. 48 „Kinderträume“

Abb. 49 „Akrobatin der Lüfte“

Vita: GERDI KÖNIG

geb. am 23. 10. 1956 in Speyer, Pfalz
wohnhaft seit 1984 in Lingenfeld, Pfalz

1975–80	Studium der Kunsterziehung und des Textilen Gestaltens in Karlsruhe und Schwäbisch Gmünd
seit 1980	Kunsterzieherin
seit 1984	Künstlerische Arbeit, vorwiegend auf Seide
seit 1986	Einzel- und Gruppenausstellungen in zahlreichen Städten und Gemeinden

Eine Auswahl weiterer Titel zum Thema „Seidenmalerei“

R. u. N. Bormann
Landschaftsaquarelle auf Seide
Das Spektrum der Seidenmalrei erweitert sich ständig: Diese Landschaftsdarstellungen zeichnen sich durch zarte Farbverläufe und stimmungsvolle Motive aus. Die Entstehung der einzelnen Abbildungen wird detailliert beschrieben.
48 Seiten, viele Farbfotos
Best.-Nr. 1408 ISBN 3-7724-1408-7

Ursula Bieber
Aquarellieren auf Seide
Die Seidenmalerei ist eines der beliebtesten Hobbys. Das bringt mit sich, daß viele Seidenmalerinnen und Seidenmaler auch andere, verwandte Möglichkeiten kennenlernen möchten. Ursula Bieber stellt hier das Aquarellieren auf Seide vor.
32 Seiten, viele Farbfotos
Best.-Nr. 1255 ISBN 3-7724-1255-6

Sieglinde Mierlut
Seidenmalerei – Gemalte Träume Phantasievolle Blumen
40 Motive in brillanten Farbvorlagen regen zum eigenschöpferischen Gestalten an. Für Seidenmal-Erfahrene, z. T. originalgroße Vorlagen.
96 S., DIN A4, geb., Vorlagenbogen
Best.-Nr. 1290 ISBN 3-7724-1290-4

Stand 1993